O pequeno vovô Sino

Preparo de originais: Gabrielle Antunes **Ilustração:** Lucas Carvalho Gadelha
Supervisão de texto: Jéssica H. Furtado **Capa:** Geovanna Votto
Revisão: Liza Alvarenga **Diagramação:** Geovanna Votto

A editora não se responsabiliza pelo conteúdo da obra, formulada exclusivamente pelo(s) autor(es).
A editora não se responsabiliza pela manutenção, atualização e idioma dos sites referidos pelos autores nesta
obra. 1a Edição, 2024 — Edição revisada conforme o Acordo Ortográfico da Língua Portuguesa de 2009.
Publique seu livro com a Ases da Literatura. Para mais informações envie um e-mail para
originais@asesdaliteratura.com.br
Suporte técnico: A obra é comercializada da forma em que está, sem direito a suporte técnico ou orientação
pessoal/exclusiva ao leitor.

**Catalogação na publicação
Elaborada por Bibliotecária Janaina Ramos – CRB-8/9166**

F814p

França, Larissa

O pequeno vovô Sino / Larissa França; Ilustrações de Lucas Carvalho Gadelha.
– Rio de Janeiro: Ases da Literatura, 2024.

32 p., il.; 17 X 24 cm

ISBN 978-65-5420-952-6

1. Literatura infantil. I. França, Larissa. II. Gadelha, Lucas Carvalho
(Ilustrador). III. Título.

CDD 028.5

Índice para catálogo sistemático
I. Literatura infantil

Larissa França
Ilustrações: Lucas Carvalho Gadelha

asinha

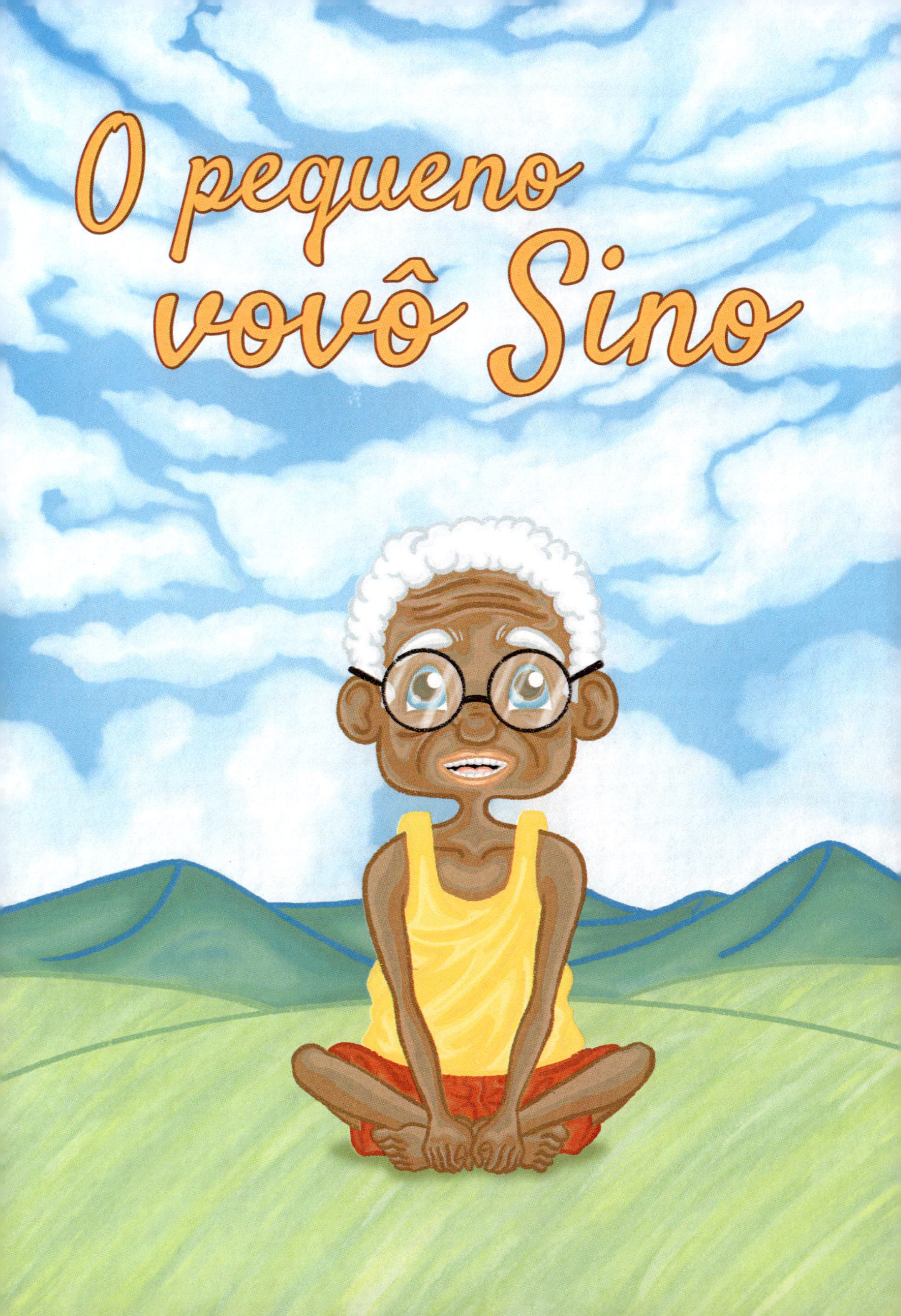

O pequeno vovô Sino

Dedicatória

Para Gersino e Severina de França, com todo amor que houver nesse mundo e após ele.

Agradecimentos

Ao Deus Criador e a Daivid Meyer, por acreditarem em mim e me apoiarem sempre.

Era uma vez, um vovô menino.
Bate o sino pequenino!
Lá vem ele!
O vovô Sino.

O menino era baixinho,
Pele preta e sorriso brilhante.
Seus cabelos eram de nuvem e
Seus olhos, céu de diamante.

Foi lá em Jaboatão que o menino nasceu.
O engenho inteiro ouviu quando o sino bateu.
À capela do Macujé, a meninada toda correu
Para ver bem de pertinho o bebê que o padre benzeu.

Toda vez que a mãe chamava, o menino se escondia.
— Gersino, venha cá!
E o menino só latia.
— Gersino, pare já! Que não estou pra brincadeira.
Então, ouvia-se os gatos miando pela casa inteira.

GERSINO!!!
AU-AU!
MIAU!

Não só de imitar animais
Vivia o pequeno brincalhão.
Remedar a mãe Maria
Era sua melhor distração.

— Gersino, desça já daí... Gersino, desça já daí!
— Gersino, eu dô-te... Gersino, eu dô-te!
— Eu não tô brincando não...
eu não tô brincando não!
E assim seguia Sino, nessa eterna mangação.

Ora, ora, quanta travessura!
O pequeno vovô Sino levou todos à loucura.
Apesar de muito arteiro, era amigo bem fiel.
Com ele, Laura e Maria podiam sempre contar
Pra brincar de berlinda, pular corda e passa-anel.

E sabe o que mais? Criatividade nunca lhe faltou.
Pois, com os amigos Moisés e Loro,
muitas coisas inventou.
Dentre elas, tinha uma que transformava
brincadeira em comida.
Assim que acabava o jogo, a fome ganhava vida;
As castanhas iam pro fogo e depois
direto pra barriga.

CRAC!

O pequeno vovô Sino era muito curioso.
Dona Olívia o achava um garoto atencioso.
Sempre que a mulher andava,
de seu pé vinha um ruído
Que o menino deseja ter
sempre ao pé do ouvido.

Foi assim que ele criou seu plano magistral.
Onde quer que a mulher pisasse, ele pisaria igual.
Mas seu pé não estalava. Isso não pode ser real!
Por que será que não funcionava?
O plano era genial!

E assim, chegamos ao final.

Blém-Blém

BLÉM-BLÉM

De repente, um badalar.
Bate o sino pequenino.
Lá vem ele a saltitar!
O pequeno vovô Sino.

Larissa França

Larissa França é brasileira, carioca e neta de Gersino de França; o vovô Sino: um pernambucano arretado. Desde que aprendeu a ler e escrever, afirmava que seria escritora. Por isso, aos doze anos de idade, começou a documentar os relatos de vida de seu avô, que dizia que sua história daria um livro e que ela devia escrevê-lo. Hoje, dezoito anos depois, poliglota, formada em Letras e Pedagogia, especialista em Relações Internacionais, Educação Infantil, Alfabetização e Gestão Escolar, Larissa vê o sonho tornar-se realidade. Você tem em suas mãos apenas um pequeno recorte das inúmeras aventuras da vida desse vovô sonhador.

Publique seu livro:

**Não deixe de conhecer
os outros livros do
selo Asinha em:**

www.asesdaliteratura.com

www.ingramcontent.com/pod-product-compliance
Lightning Source LLC
LaVergne TN
LVRC081025180726
843512LV00008B/750